AF225329

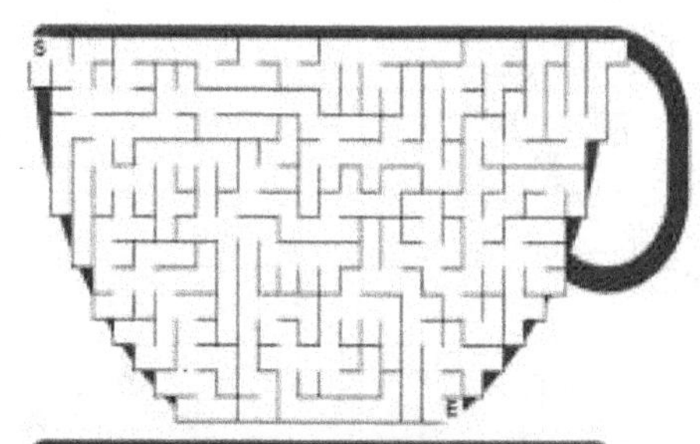

Puzzle 1

Puzzle 2

Puzzle 3

Puzzle 4

Puzzle 5

Puzzle 6

Puzzle 7

Puzzle 8

Puzzle 9

Puzzle 10

Puzzle 11

Puzzle 12

Puzzle 13

Puzzle 14

Puzzle 15

Puzzle 16

Puzzle 17

Puzzle 18

Puzzle 19

Puzzle 20

Puzzle 21

Puzzle 22

Puzzle 23

Puzzle 24

Puzzle 25

Puzzle 26

Puzzle 27

Puzzle 28

Puzzle 29

Puzzle 30

Puzzle 31

Puzzle 32

Puzzle 33

Puzzle 34

Puzzle 35

Puzzle 36

Puzzle 37

Puzzle 38

Puzzle 39

Puzzle 40

Puzzle 41

Puzzle 42

Puzzle 43

Puzzle 44

Puzzle 45

Puzzle 46

Puzzle 47

Puzzle 48

Puzzle 49

Puzzle 50

Solution for Puzzle 1   Solution for Puzzle 2

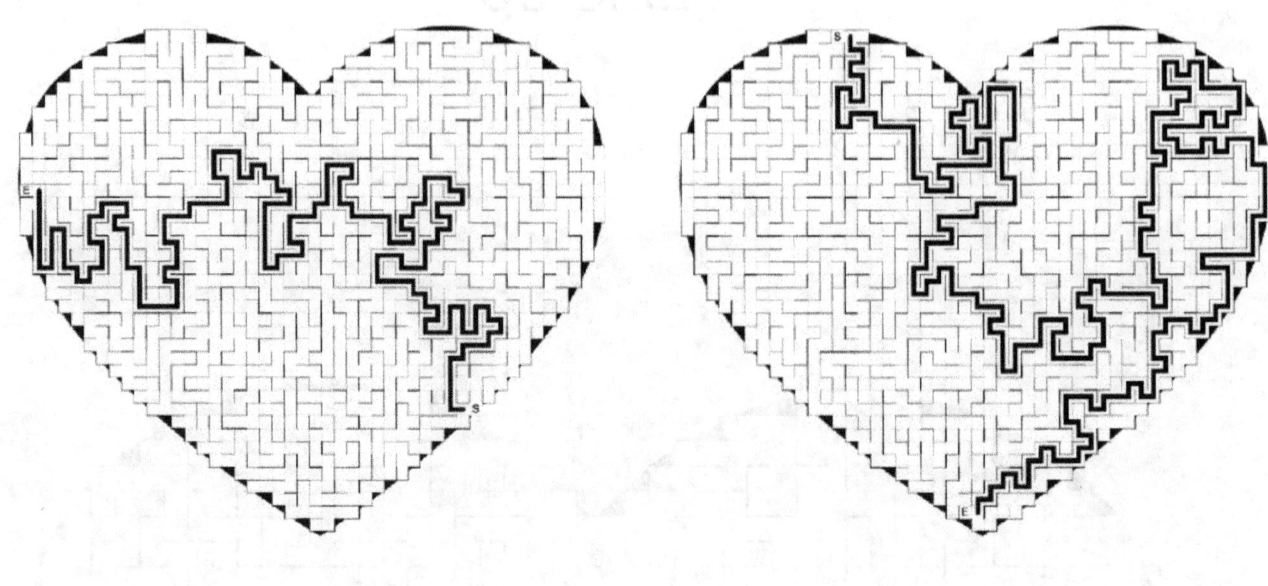

Solution for Puzzle 3   Solution for Puzzle 4

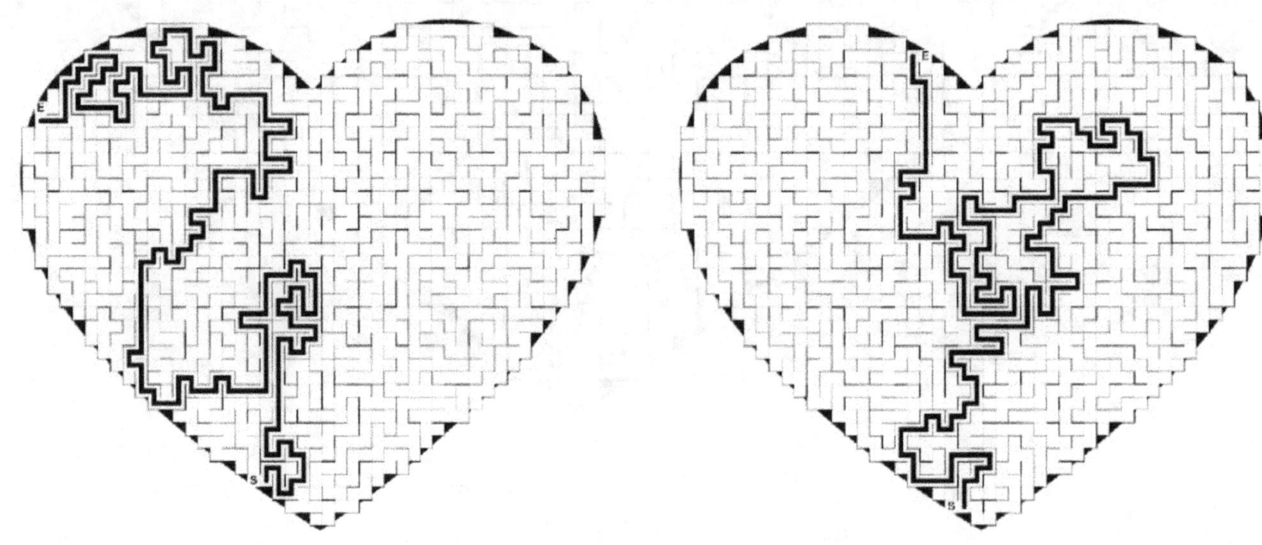

Solution for Puzzle 5

Solution for Puzzle 6

Solution for Puzzle 7

Solution for Puzzle 8

Solution for Puzzle 9

Solution for Puzzle 10

Solution for Puzzle 11

Solution for Puzzle 12

Solution for Puzzle 13

Solution for Puzzle 14

Solution for Puzzle 15

Solution for Puzzle 16

Solution for Puzzle 17

Solution for Puzzle 18

Solution for Puzzle 19

Solution for Puzzle 20

Solution for Puzzle 21

Solution for Puzzle 22

Solution for Puzzle 23

Solution for Puzzle 24

Solution for Puzzle 25

Solution for Puzzle 26

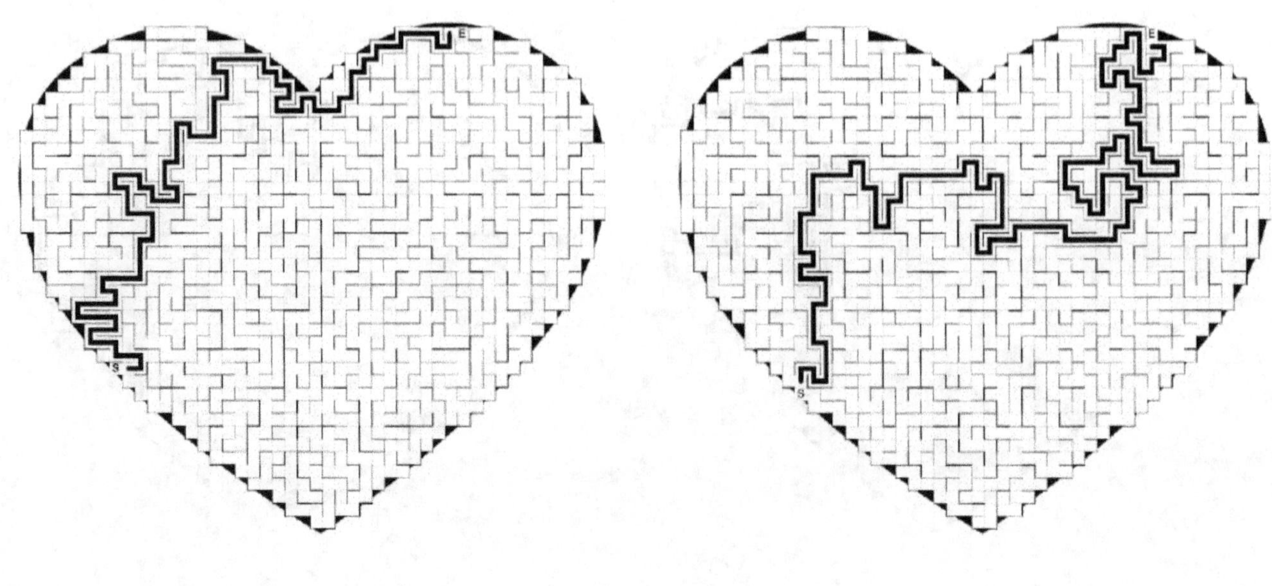

Solution for Puzzle 27

Solution for Puzzle 28

Solution for Puzzle 29

Solution for Puzzle 30

Solution for Puzzle 31

Solution for Puzzle 32

Solution for Puzzle 33

Solution for Puzzle 34

Solution for Puzzle 35

Solution for Puzzle 36

Solution for Puzzle 37

Solution for Puzzle 38

Solution for Puzzle 39

Solution for Puzzle 40

Solution for Puzzle 41 Solution for Puzzle 42

Solution for Puzzle 43 Solution for Puzzle 44

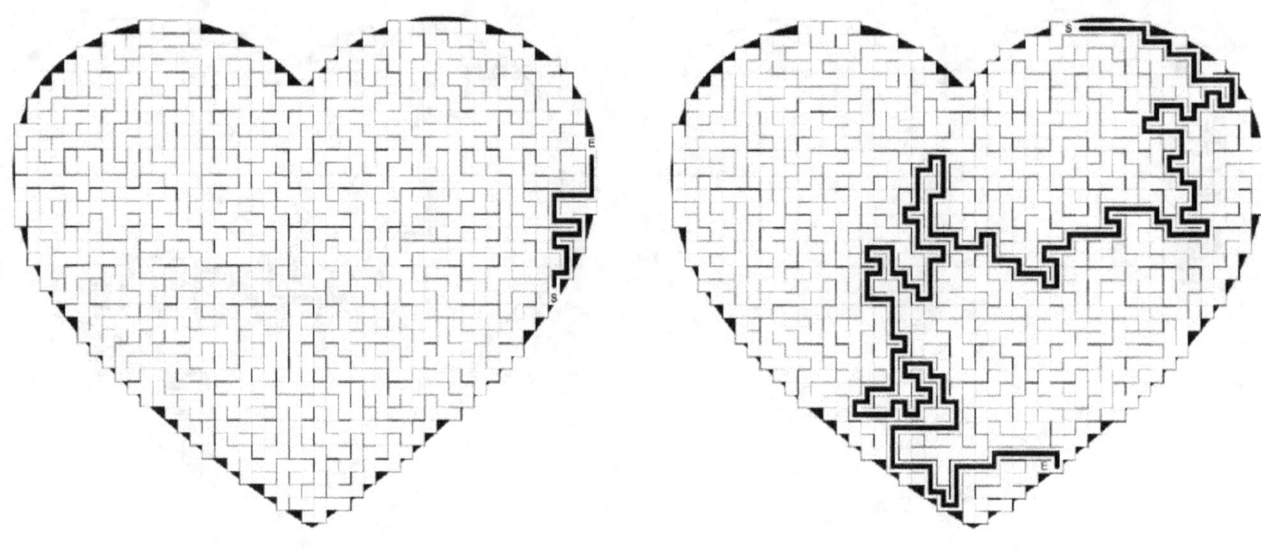

Solution for Puzzle 45

Solution for Puzzle 46

Solution for Puzzle 47

Solution for Puzzle 48

Solution for Puzzle 49   Solution for Puzzle 50

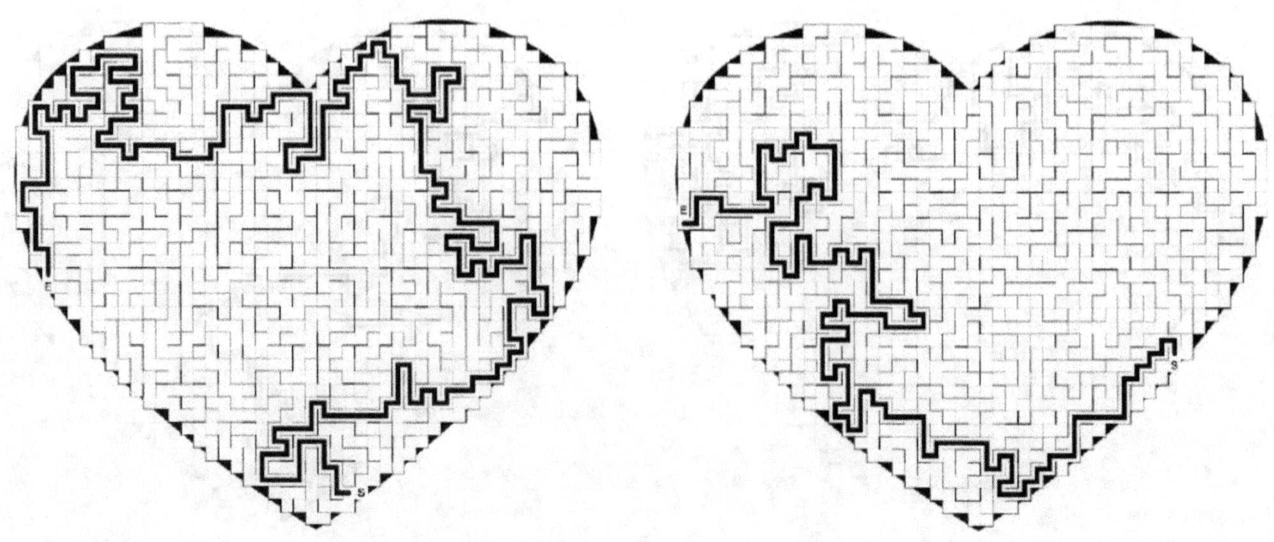

Puzzle 1

Puzzle 2

Puzzle 3

Puzzle 4

Puzzle 5

Puzzle 6

Puzzle 7

Puzzle 8

Puzzle 9

Puzzle 10

Puzzle 11

Puzzle 12

Puzzle 13

Puzzle 14

Puzzle 15

Puzzle 16

Puzzle 17

Puzzle 18

Puzzle 19

Puzzle 20

Puzzle 21

Puzzle 22

Puzzle 23

Puzzle 24

Puzzle 25

Puzzle 26

Puzzle 27

Puzzle 28

Puzzle 29

Puzzle 30

Puzzle 31

Puzzle 32

Puzzle 33

Puzzle 34

Puzzle 35

Puzzle 36

Puzzle 37

Puzzle 38

Puzzle 39

Puzzle 40

Puzzle 41

Puzzle 42

Puzzle 43

Puzzle 44

Puzzle 45

Puzzle 46

Puzzle 47

Puzzle 48

Puzzle 49

Puzzle 50

Solution for Puzzle 1

Solution for Puzzle 2

Solution for Puzzle 3

Solution for Puzzle 4

Solution for Puzzle 5

Solution for Puzzle 6

Solution for Puzzle 7

Solution for Puzzle 8

Solution for Puzzle 9

Solution for Puzzle 10

Solution for Puzzle 11

Solution for Puzzle 12

Solution for Puzzle 13

Solution for Puzzle 14

Solution for Puzzle 15

Solution for Puzzle 16

Solution for Puzzle 17

Solution for Puzzle 18

Solution for Puzzle 19

Solution for Puzzle 20

Solution for Puzzle 21

Solution for Puzzle 22

Solution for Puzzle 23

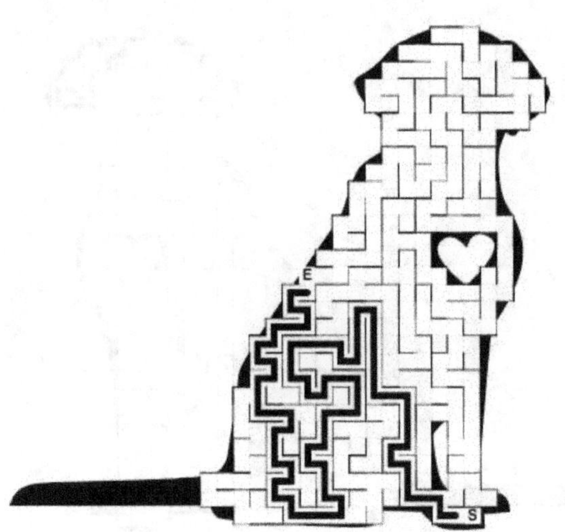

Solution for Puzzle 24

Solution for Puzzle 25

Solution for Puzzle 26

Solution for Puzzle 27

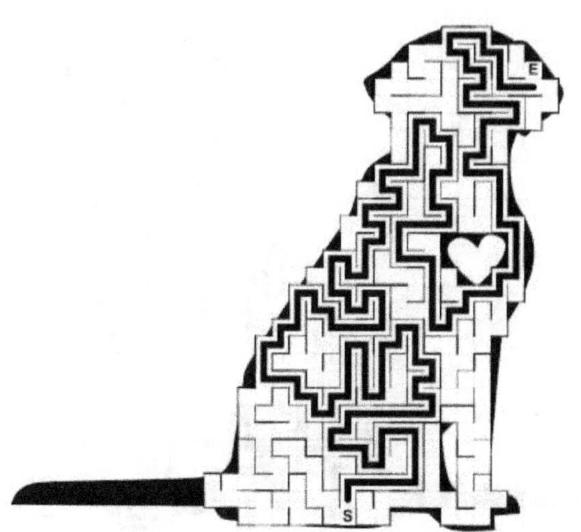

Solution for Puzzle 28

Solution for Puzzle 29

Solution for Puzzle 30

Solution for Puzzle 31

Solution for Puzzle 32

Solution for Puzzle 33

Solution for Puzzle 34

Solution for Puzzle 35

Solution for Puzzle 36

Solution for Puzzle 37

Solution for Puzzle 38

Solution for Puzzle 39

Solution for Puzzle 40

Solution for Puzzle 41

Solution for Puzzle 42

Solution for Puzzle 43

Solution for Puzzle 44

Solution for Puzzle 45

Solution for Puzzle 46

Solution for Puzzle 47

Solution for Puzzle 48

Solution for Puzzle 49

Solution for Puzzle 50

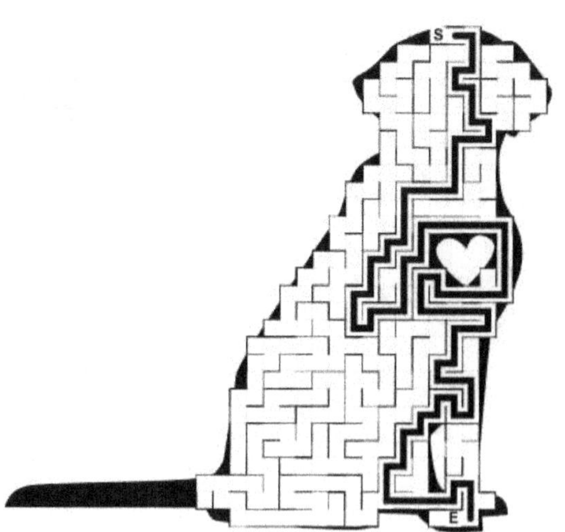

Puzzle 1

Puzzle 2

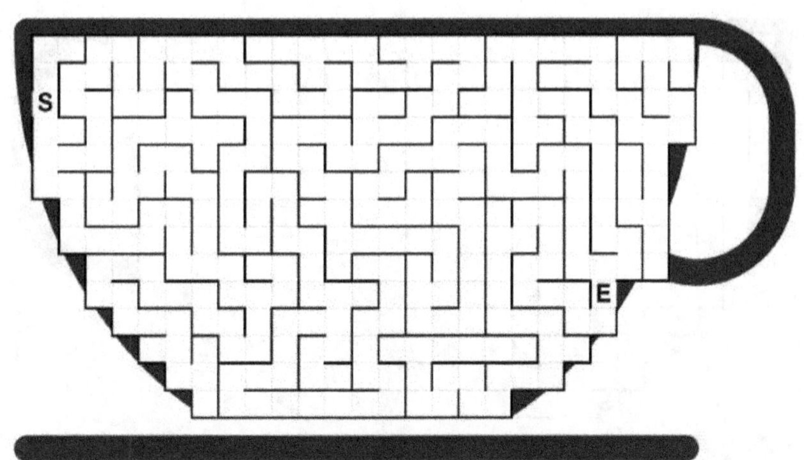

Puzzle 3

Puzzle 4

Puzzle 5

Puzzle 6

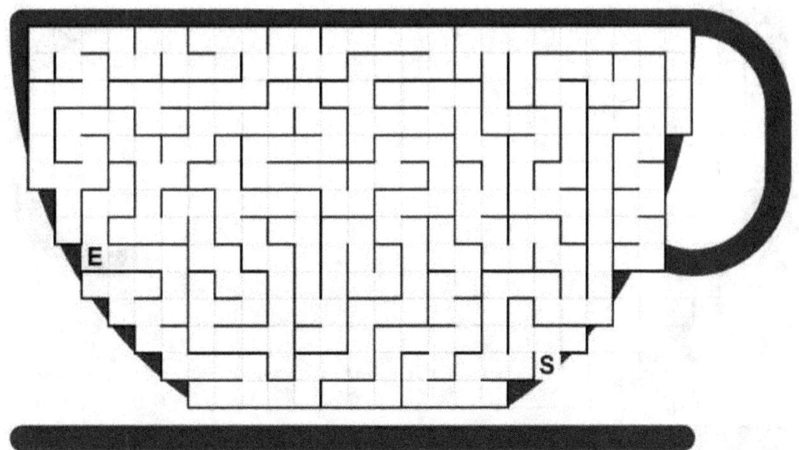

Puzzle 7

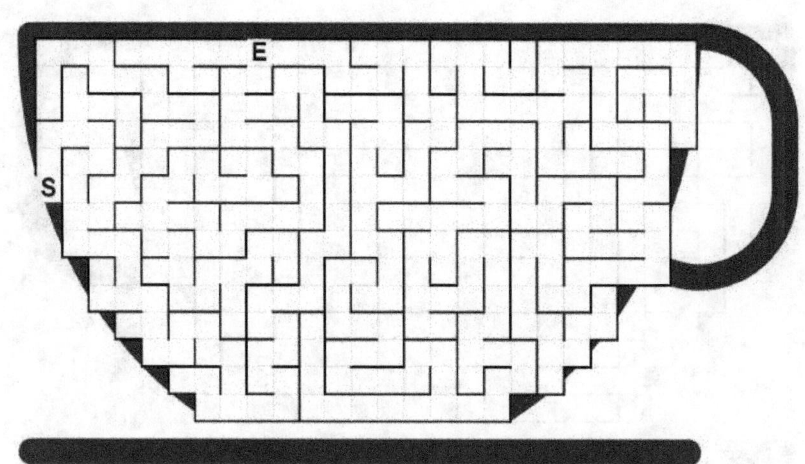

Puzzle 8

Puzzle 9

Puzzle 10

Puzzle 11

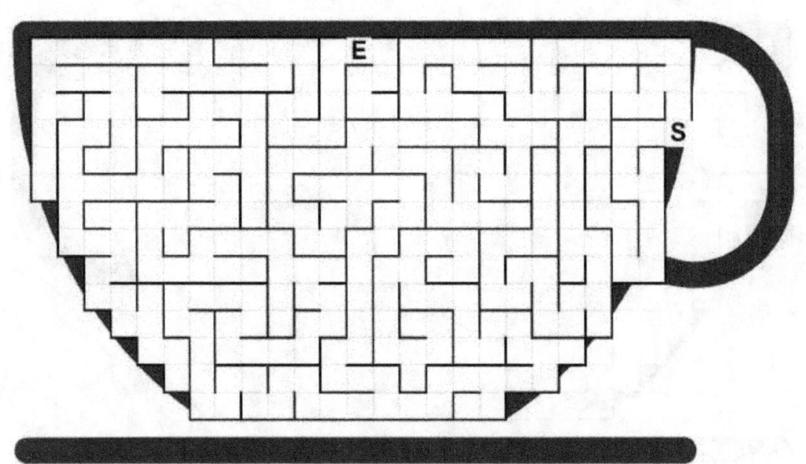

Puzzle 12

Puzzle 13

Puzzle 14

Puzzle 15

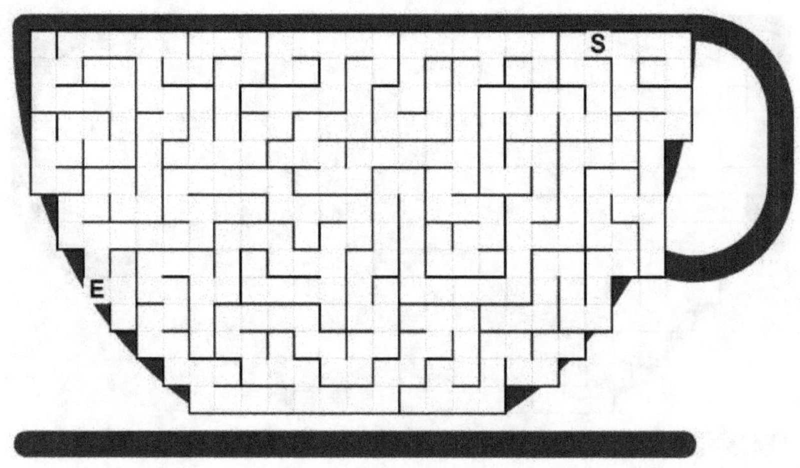

Puzzle 16

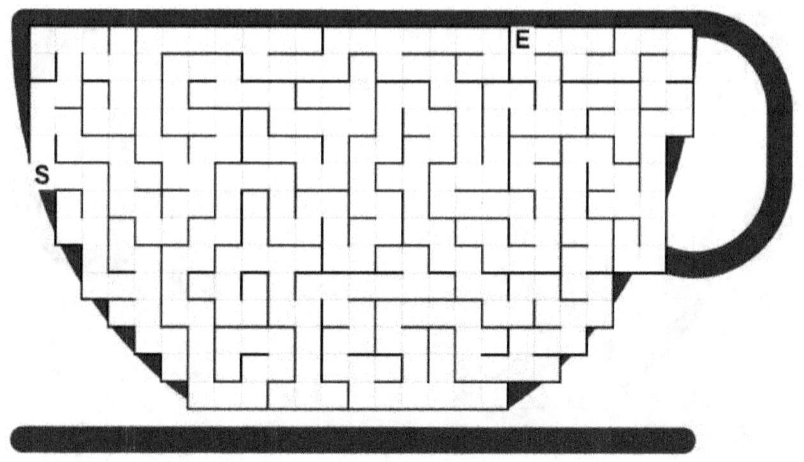

Puzzle 17

Puzzle 18

Puzzle 19

Puzzle 20

Puzzle 21

Puzzle 22

Puzzle 23

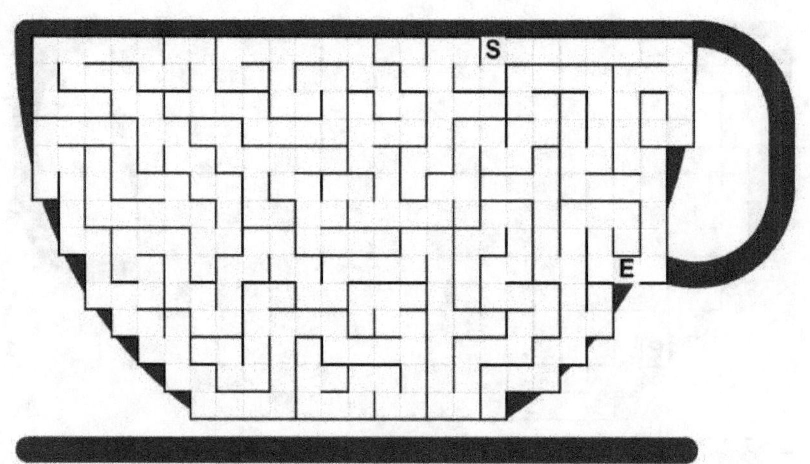

Puzzle 24

Puzzle 25

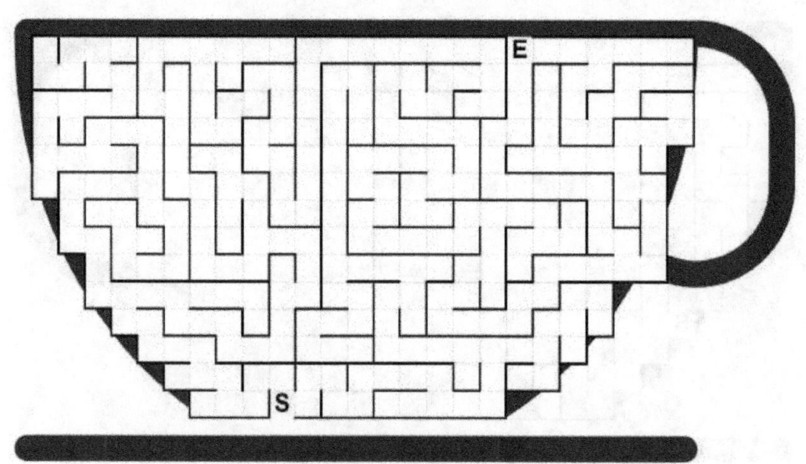

Puzzle 26

Puzzle 27

Puzzle 28

Puzzle 29

Puzzle 30

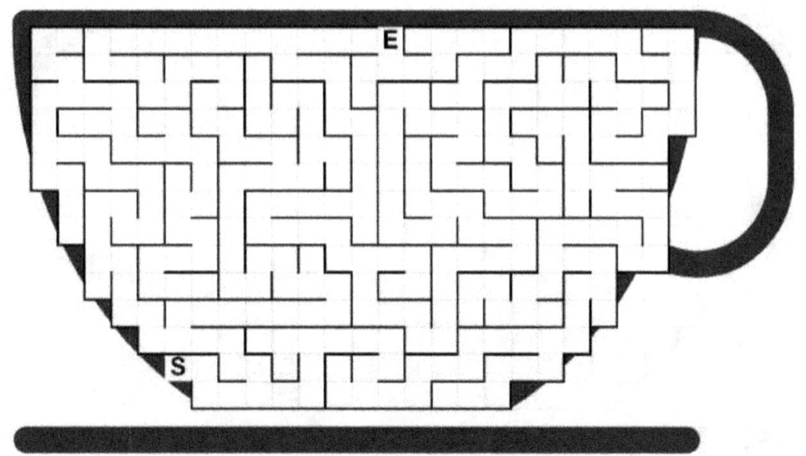

Puzzle 31

Puzzle 32

Puzzle 33

Puzzle 34

Puzzle 35

Puzzle 36

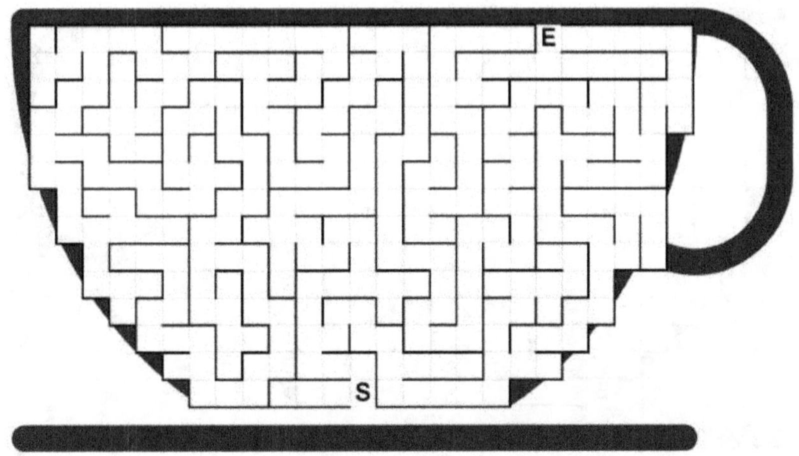

Puzzle 37

Puzzle 38

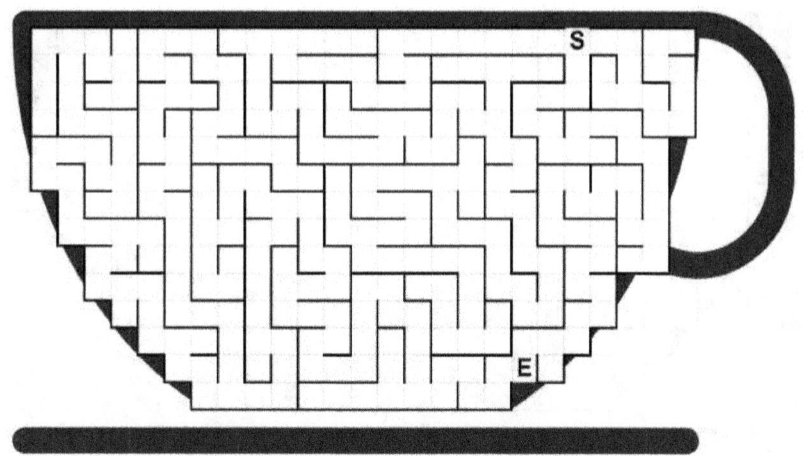

Puzzle 39

Puzzle 40

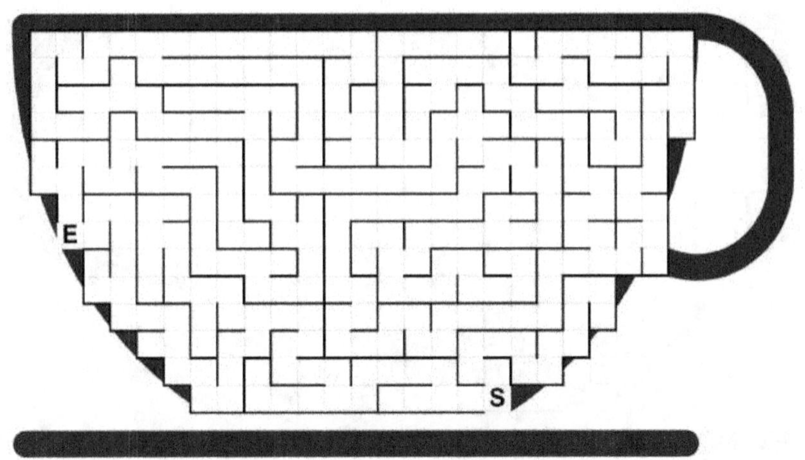

Puzzle 41

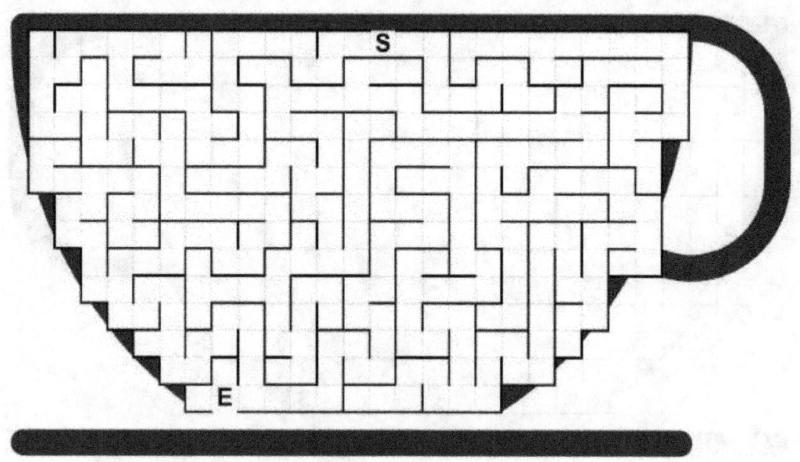

Puzzle 42

Puzzle 43

Puzzle 44

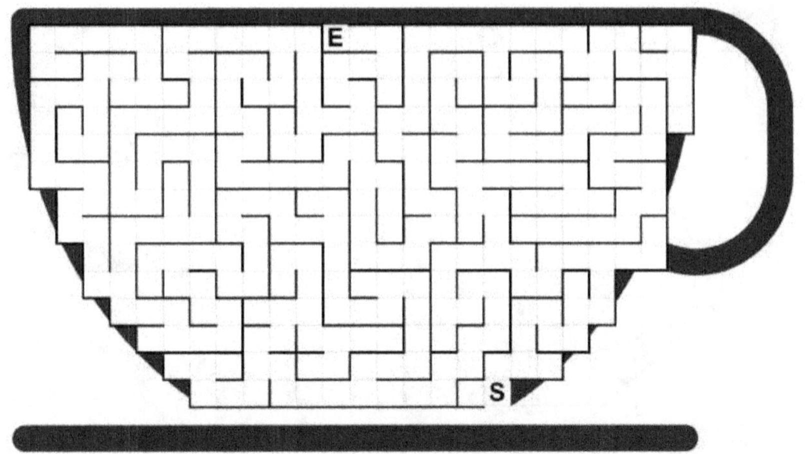

Puzzle 45

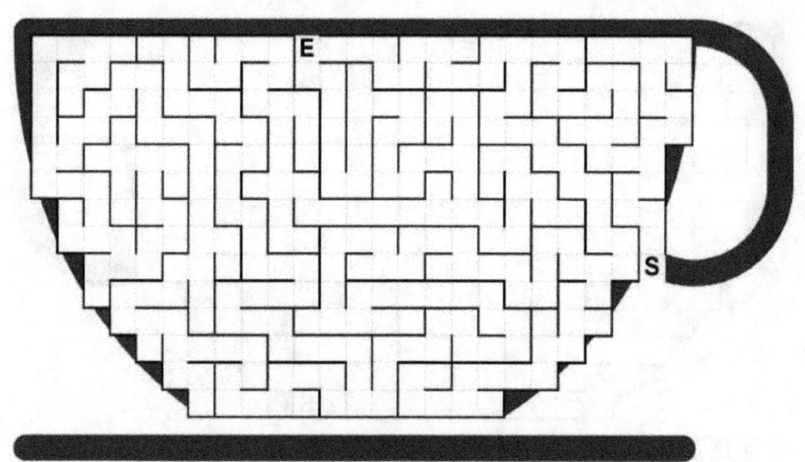

Puzzle 46

Puzzle 47

Puzzle 48

Puzzle 49

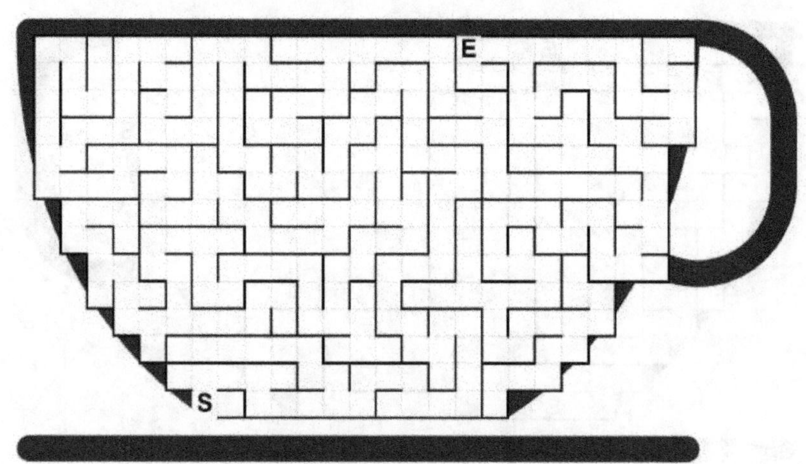

Puzzle 50

Solution for Puzzle 1

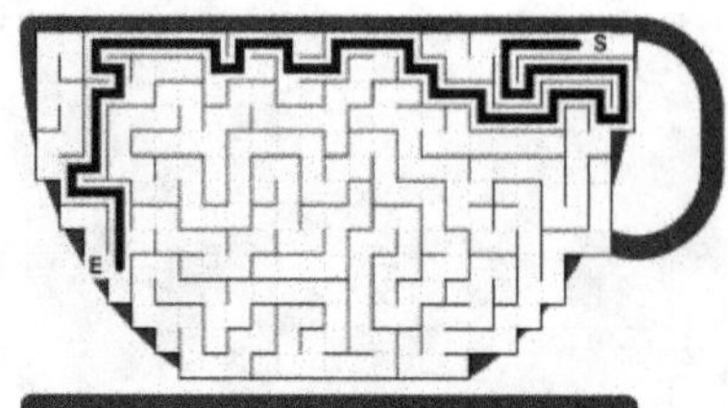

Solution for Puzzle 2

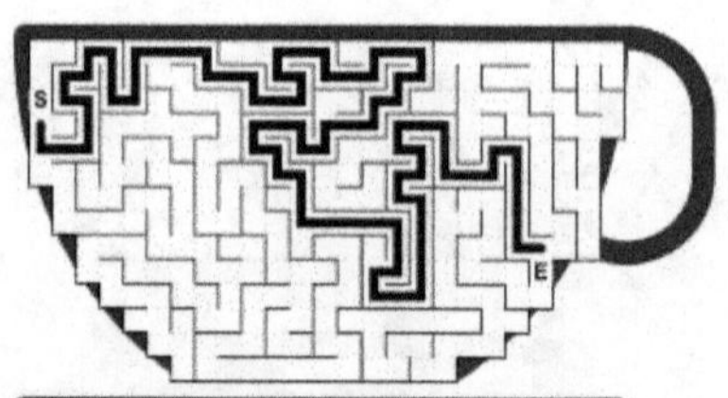

Solution for Puzzle 3

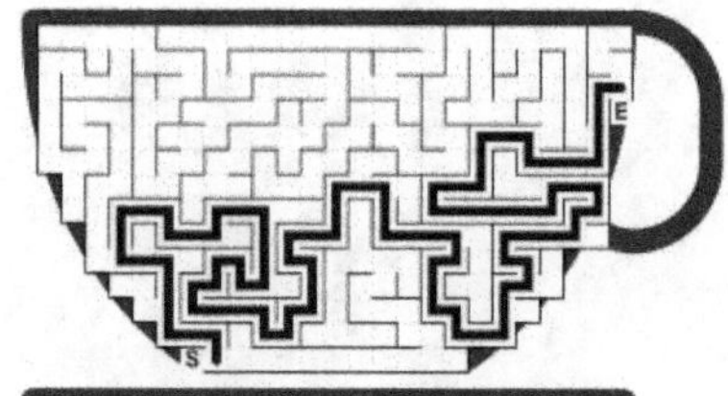

Solution for Puzzle 4

Solution for Puzzle 5

Solution for Puzzle 6

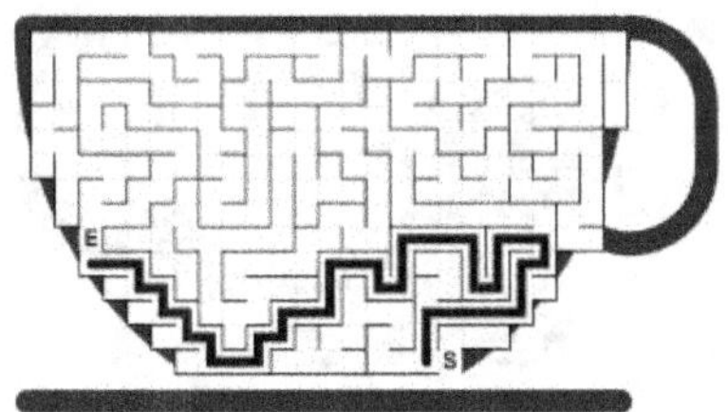

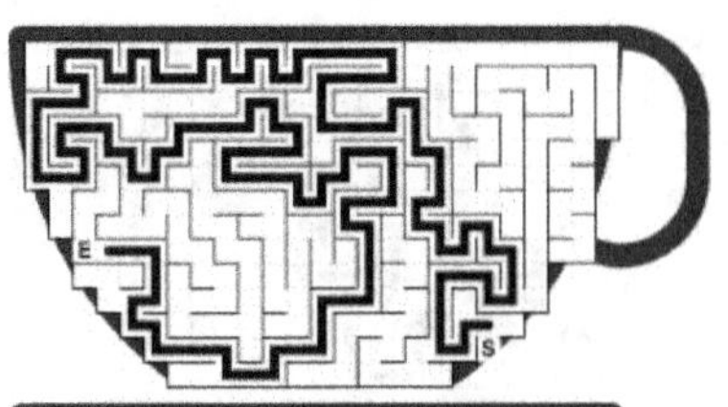

Solution for Puzzle 7

Solution for Puzzle 8

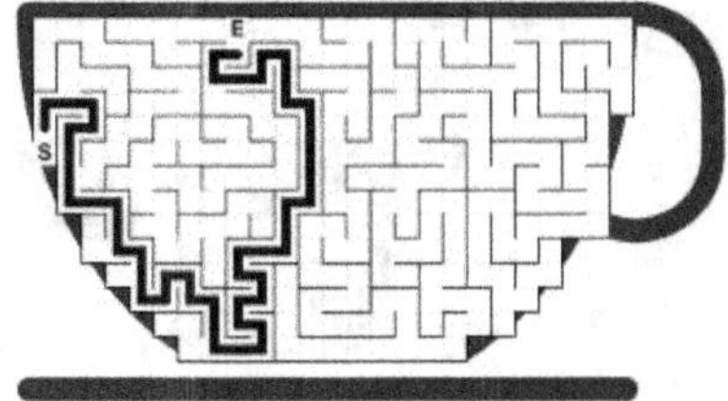

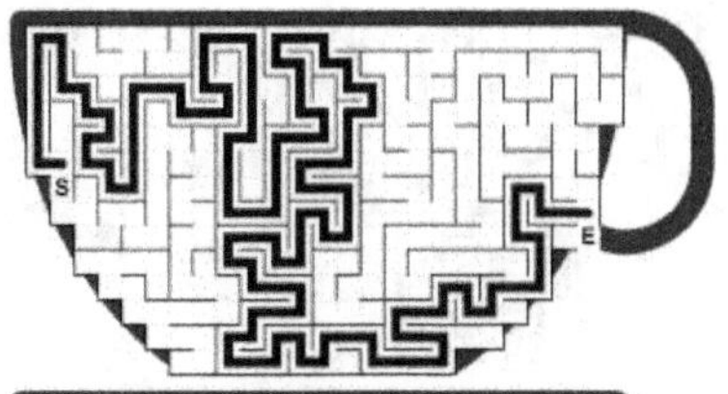

Solution for Puzzle 9

Solution for Puzzle 10

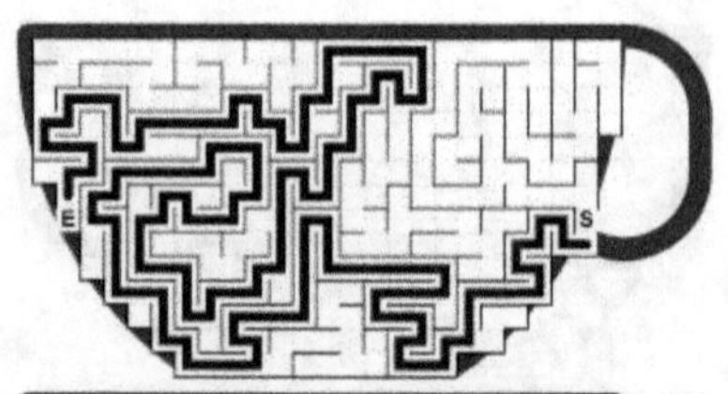

Solution for Puzzle 11

Solution for Puzzle 12

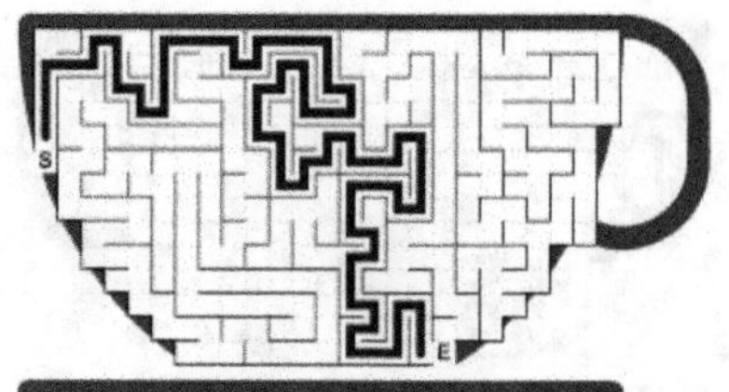

Solution for Puzzle 13

Solution for Puzzle 14

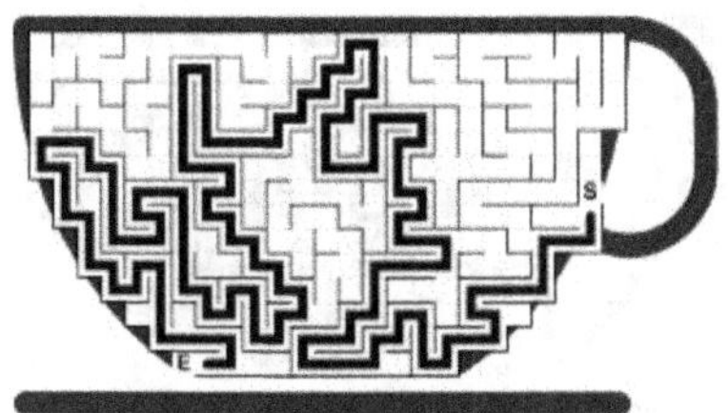

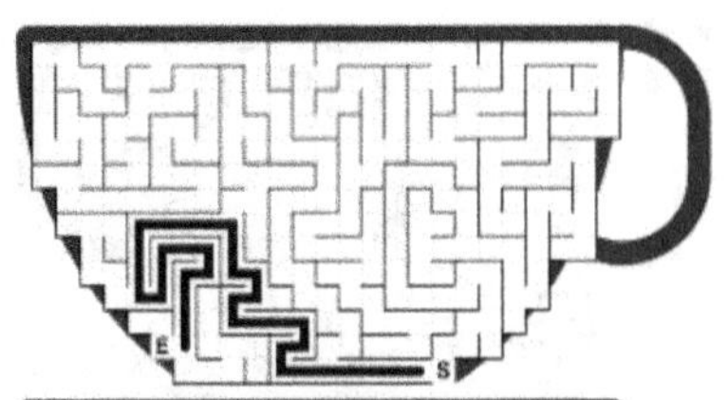

Solution for Puzzle 15

Solution for Puzzle 16

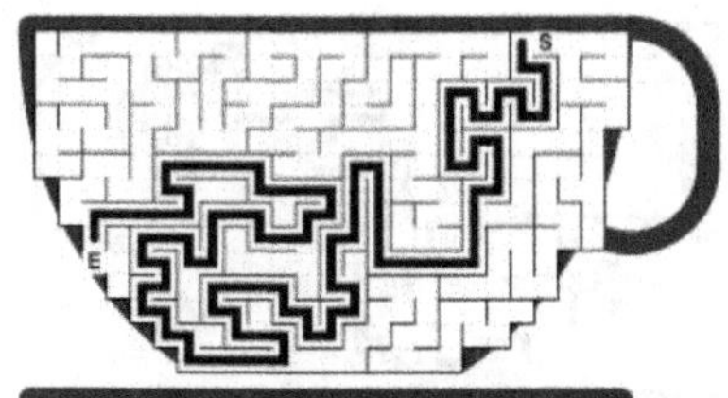

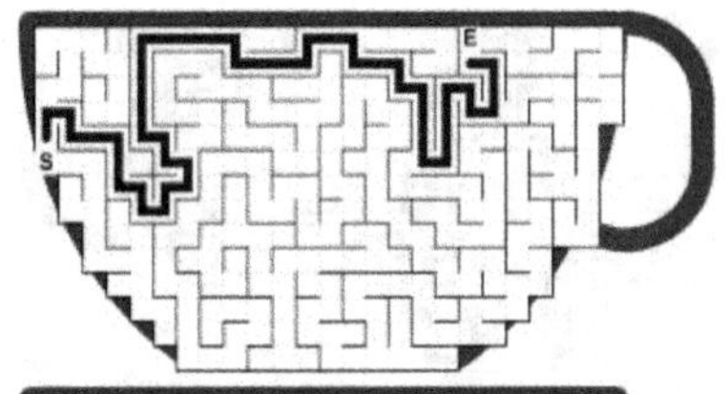

Solution for Puzzle 17

Solution for Puzzle 18

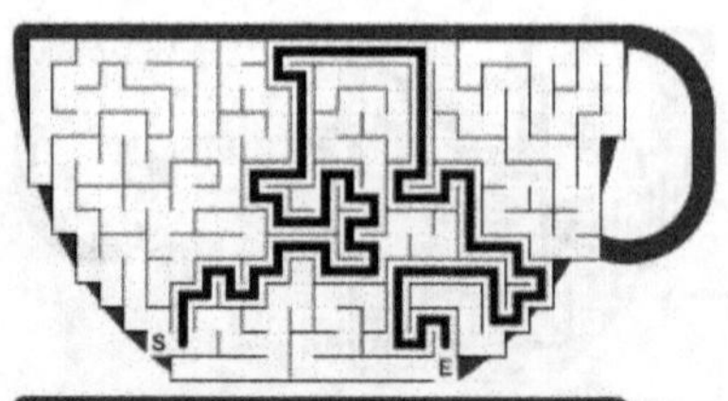

Solution for Puzzle 19

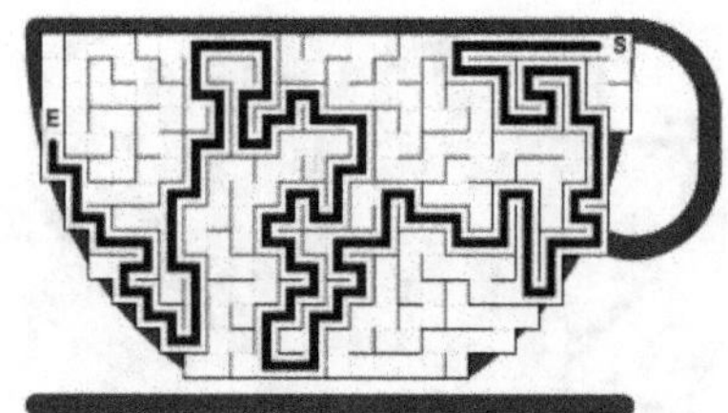

Solution for Puzzle 20

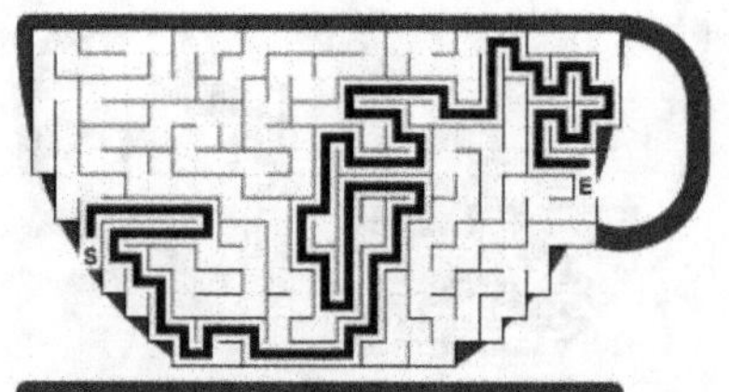

Solution for Puzzle 21

Solution for Puzzle 22

Solution for Puzzle 23

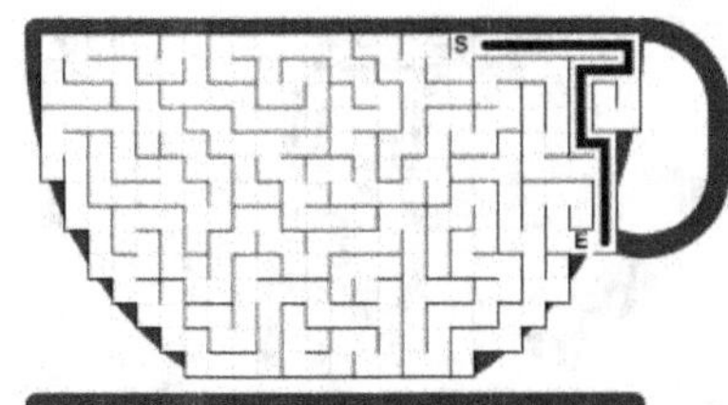

Solution for Puzzle 24

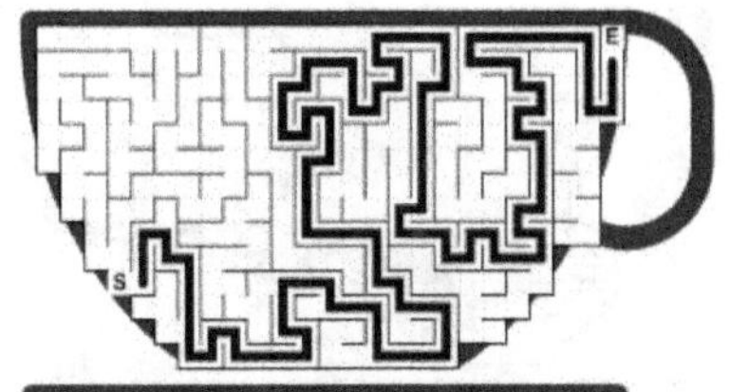

Solution for Puzzle 25

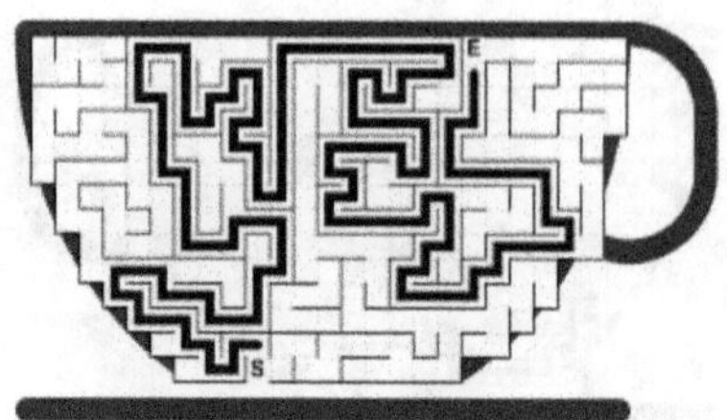

Solution for Puzzle 26

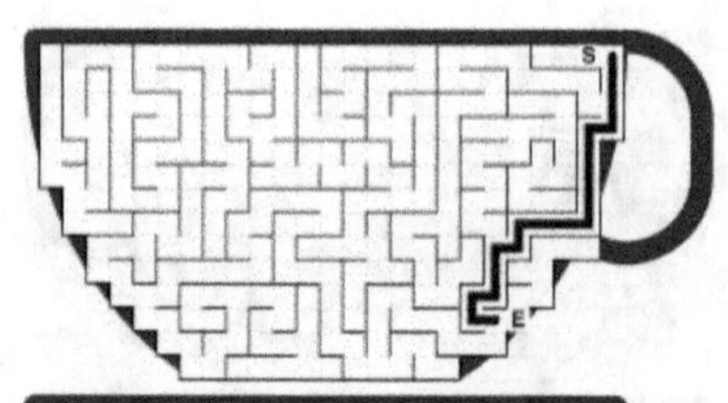

Solution for Puzzle 27

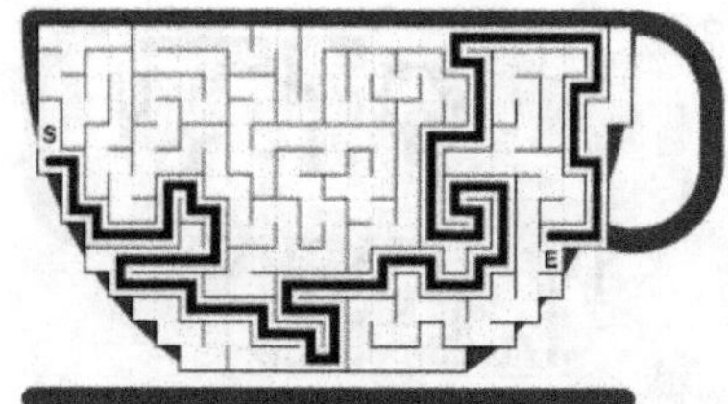

Solution for Puzzle 28

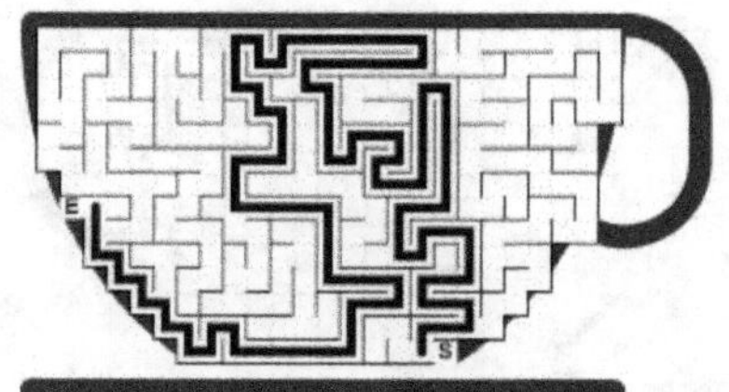

Solution for Puzzle 29

Solution for Puzzle 30

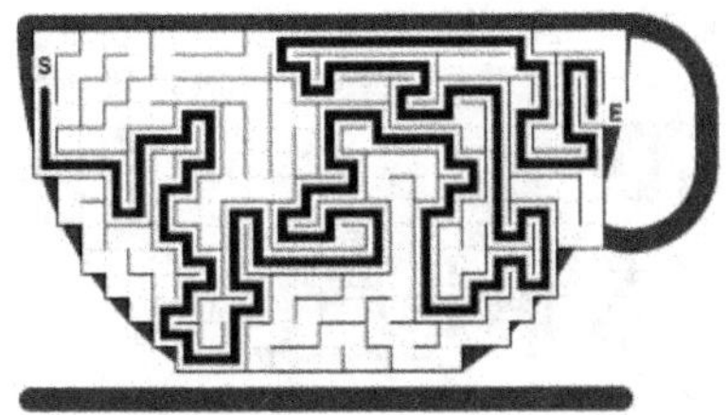

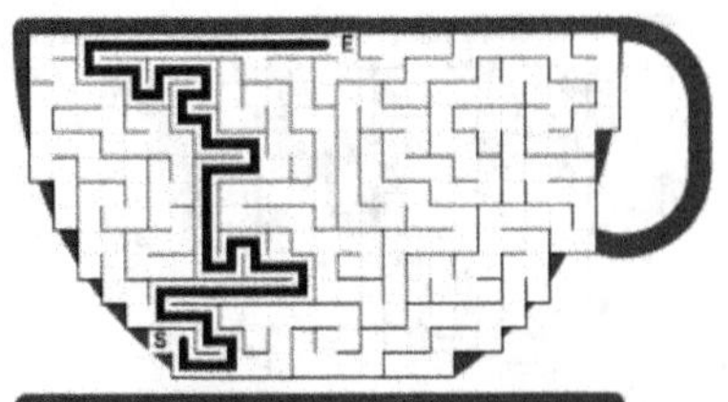

Solution for Puzzle 31

Solution for Puzzle 32

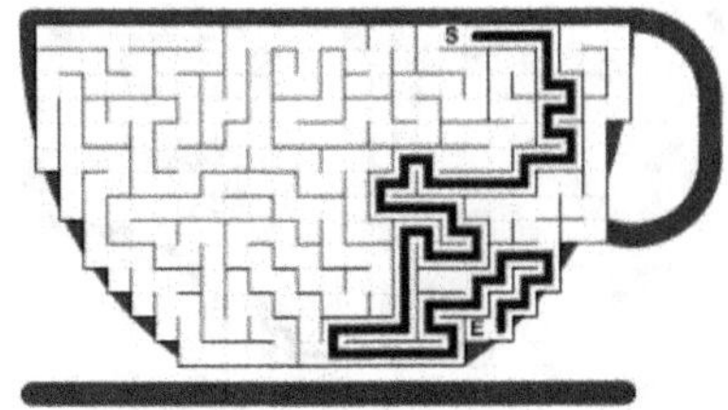

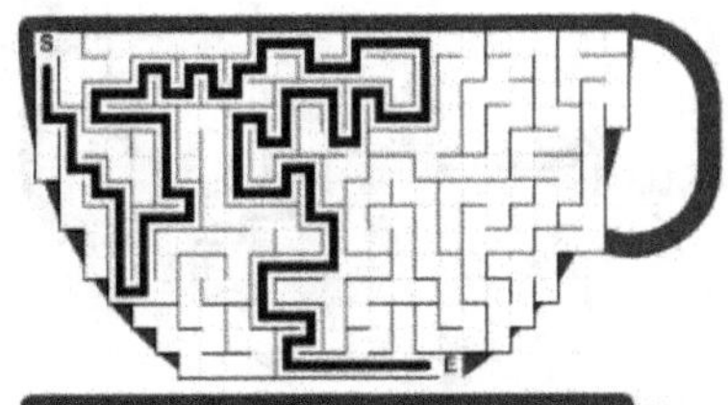

Solution for Puzzle 33

Solution for Puzzle 34

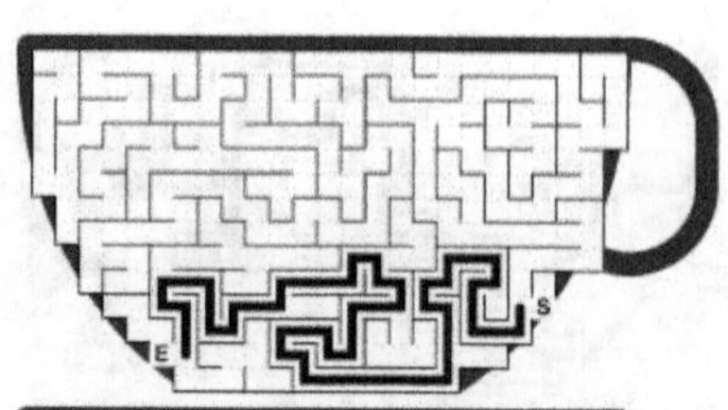

Solution for Puzzle 35

Solution for Puzzle 36

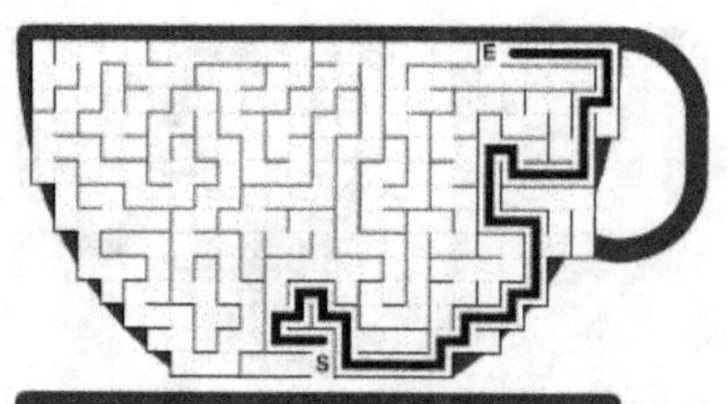

Solution for Puzzle 37

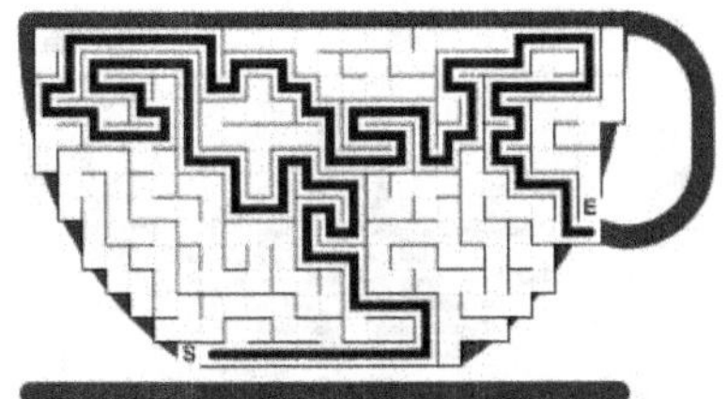

Solution for Puzzle 38

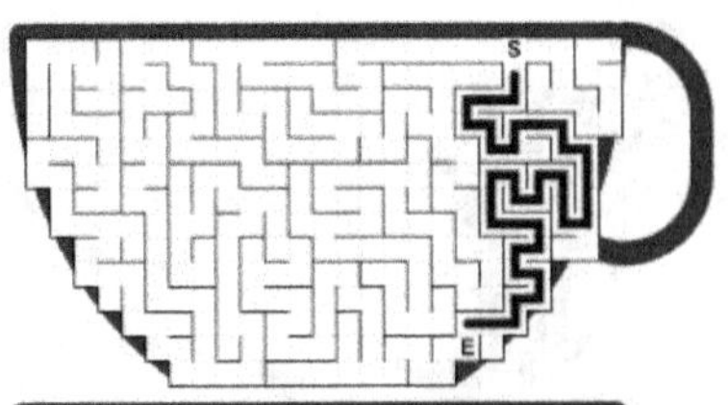

Solution for Puzzle 39

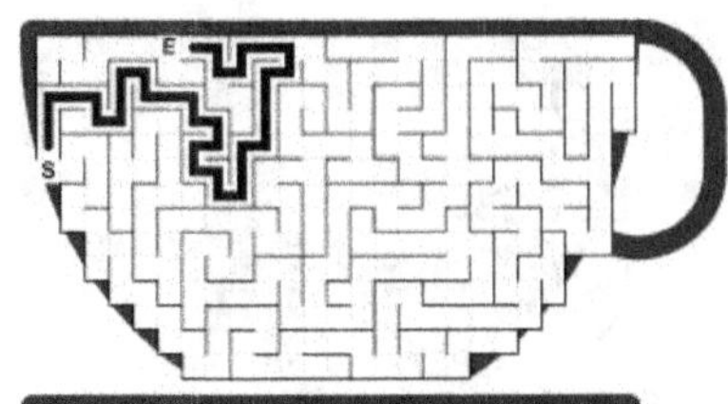

Solution for Puzzle 40

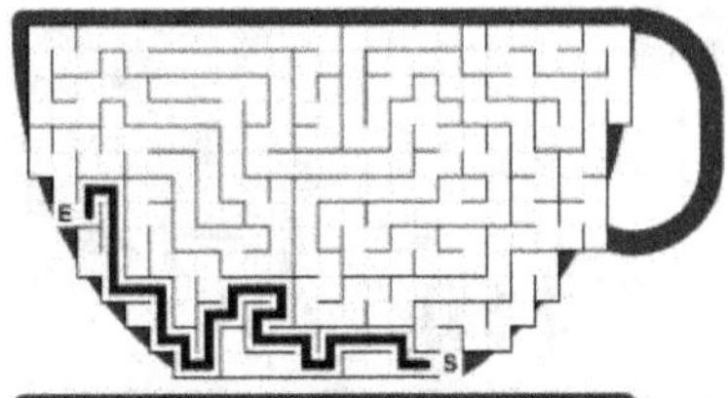

Solution for Puzzle 41

Solution for Puzzle 42

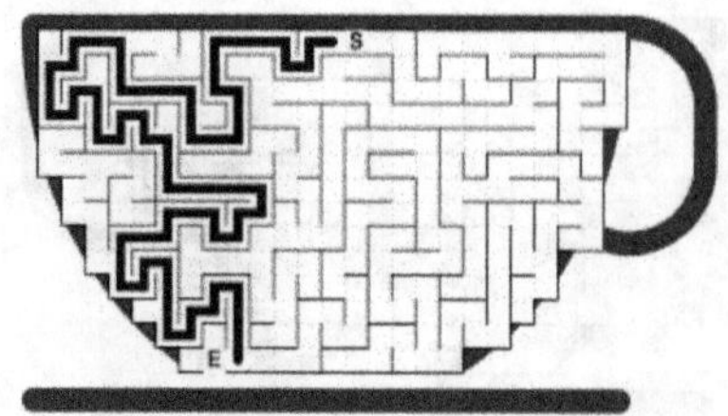

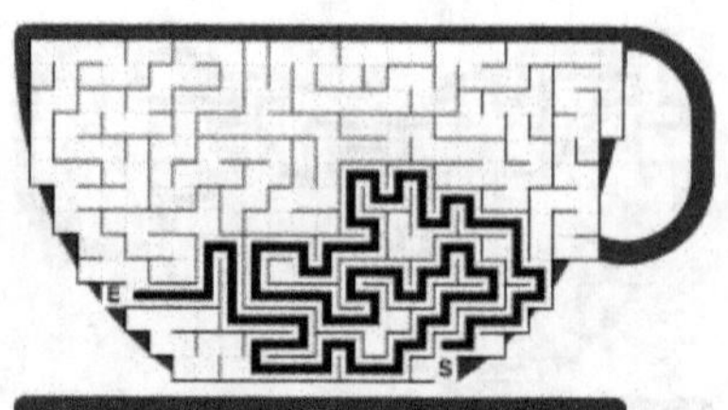

Solution for Puzzle 43

Solution for Puzzle 44

Solution for Puzzle 45

Solution for Puzzle 46

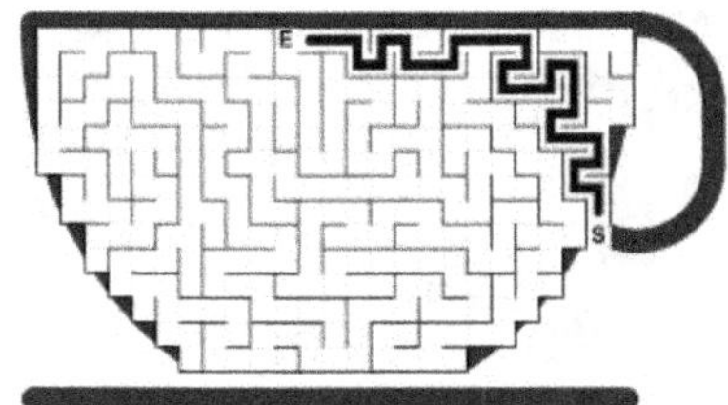

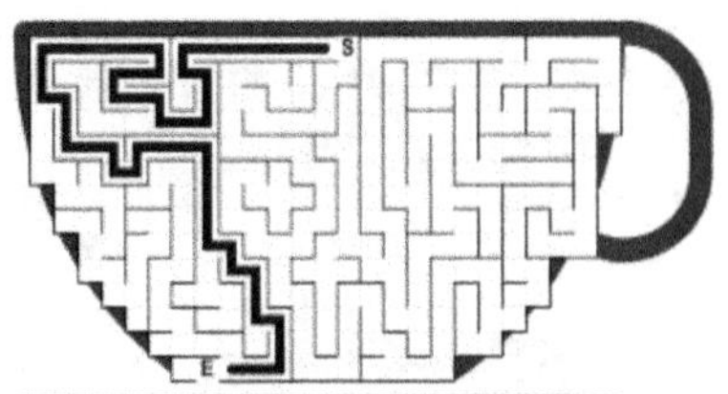

Solution for Puzzle 47

Solution for Puzzle 48

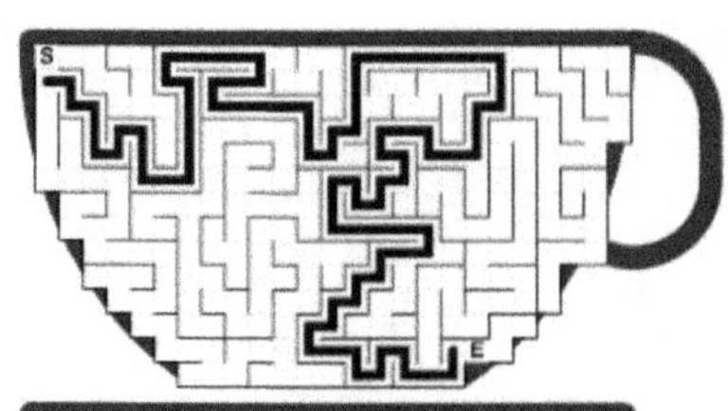

Solution for Puzzle 49   Solution for Puzzle 50

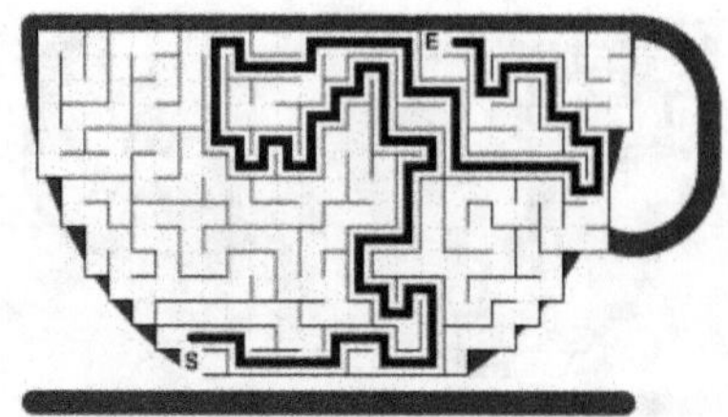

Puzzle 1

Puzzle 2

Puzzle 3

Puzzle 4

Puzzle 5

Puzzle 6

Puzzle 7

Puzzle 8

Puzzle 9

Puzzle 10

Puzzle 11

Puzzle 12

Puzzle 13

Puzzle 14

Puzzle 15

Puzzle 16

Puzzle 17

Puzzle 18

Puzzle 19

E
S

Solution for Puzzle 1

Solution for Puzzle 2

Solution for Puzzle 3

Solution for Puzzle 4

Solution for Puzzle 5

Solution for Puzzle 6

Solution for Puzzle 7

Solution for Puzzle 8

Solution for Puzzle 9

Solution for Puzzle 10

Solution for Puzzle 11

Solution for Puzzle 12

Solution for Puzzle 13

Solution for Puzzle 14

Solution for Puzzle 15

Solution for Puzzle 16

Solution for Puzzle 17

Solution for Puzzle 18

Solution for Puzzle 19

Solution for Puzzle 20